Juan Carlos Álvarez Rodriguez

Versos Violetas

Juan Carlos Álvarez Rodriguez

Versos Violetas

Prosa Poética

JustFiction Edition

Imprint

Cover image: www.ingimage.com

Publisher:
JustFiction! Edition
is a trademark of
Dodo Books Indian Ocean Ltd. and OmniScriptum S.R.L Publishing group
Str. Armeneasca 28/1, office 1, Chisinau-2012, Republic of Moldova, Europe
Printed at: see last page
ISBN: 978-613-9-42429-0

VERSOS VIOLETAS

PROSA POÉTICA

Juan Carlos Álvarez Rodríguez

“ Me encuentro simplemente
en la ciudad,
detrás de mí una guitarra,
una muchacha llorosa
con los ojos llenos de tierra
llamada poesía ”

Holguín 7 de Julio de 2022

INDICE

LAS MANOS
DEL
MÁRTIR

Ya estamos en combate.
Por defender la idea de todos los que han muerto.
Para arrojar a los malos del histórico templo.
Por el heroico gesto de Maceo.
Por la dulce memoria de Martí.

Raúl Gómez García
17 de Julio de 1953

DEDICATORIA...

A todos los que dieron su vida
a la patria:

A
Maceo,
Martí,
Che,
y
Camilo.

A Fidel Castro Ruz
y
Los Cinco Héroes.

A mi hijo
y
Cuba en especial.

CHE

Héroes que se fueron, héroes que están;
nadie en esta patria los ha dejado de amar.

Como recordarte:
sin sentir el escalofrío de tu frente,
sin estremecerse por una frase tuya,
por un saludo tuyo.
Quien con los ojos llenos de luz
no pronuncia una lágrima tuya,
un verso tuyo.
Quien mirando a tu pecho
no escala el fuego y canta victoria.
Te fuiste, pero estás en cada alma
y en cada atmósfera.
Es tu memoria un himno, tu abrazo
una bandera
Estás donde los héroes,
por ti hay universo e inmortalidad.
Guerrero incansable,
al miedo vas para poner fin a la mentira.
Sin ti no hay arte ni sabiduría posible.
Es tu corazón la voz de un niño,
tu abrazo una bandera.
Ídolo entre ídolos
por ti siempre habrá patria.

SI ERNESTO ESTUVIERA AQUÍ

Habitas en cada alma y en cada atmósfera.

Si Ernesto estuviera aquí,
cuántos no besarían su frente.

Cientos de milicianos irían a
su encuentro y con el fusil en la
mano adorarían su estancia.

¿Qué fábrica produciría
sin contar con él?

¿Cuáles corazones faltarían
para batir al enemigo con valor?

Los niños conducirían su estrella
y el pueblo su grandeza.

MARTI

Con tu riqueza dejaste volar la sabiduría

Estás adentro y afuera de una roca
y en el corazón de un pueblo.
Te has fugado por el bien,
tú escribías y ya te escriben
los que sienten por ti.
He mirado el espejo de tu valor,
eres fuerte como un rayo de sol.
Dejaste en el mundo el dolor,
trajiste con tu silencio el universo.
Tu fuerza se ha convertido en
nuestro deber,
tu pensamiento en nuestro destino.
Te fuiste a vencer con una montaña
en la mano
y dejaste constante el arma,
la estampa, la vida.
Escribiste para la humanidad lo que
amamos hoy: tu estancia infinita.
Tu espíritu alimenta los ojos de niños,
jóvenes, hombres.
Con tu riqueza dejaste volar
la sabiduría.
Hoy siento tu idea de grandeza
que agiganta como una paloma,
para entregarnos un cielo
y una bandera.

MAESTRO Y APÓSTOL

Tus manos como el arrollo
de finos pensamientos
/hacia no sé que aventura del tiempo/
hacen ver que nunca te fuiste.
A los niños les decimos:
ese /que hay en tu libro/
es nuestro Maestro y Apóstol.
El que calló en dos ríos entre las olas,
rompiendo la corriente del agua.
Su poesía ha recorrido el mundo
buscando a los humildes.
En cada lugar se puede apreciar
su amor y su enseñanza.
Quien lo recuerda hoy, vive por él.

MACEO

A ti te dicen el caminante infinito,
el titán de bronce,
el andaluz.
Tus travesías son con el machete
en la mano y
el sudor en la frente.
Tienes más tiempo que los siglos,
tus ojos son de plata, y
de coraza es tu pecho.

AGRAMONTE

Si pudiera estarte observando la mirada,
la inquebrantable barbilla de bárbaro inagotable,
el insomnio en tu mejilla de asombro luchador.

Si pudiera estarte buscando las golondrinas
en tu frente y el mapa de Cuba en tu pecho,
los zapatos con grilletes raspando la tierra.

Si pudiera estarte golpeando con martillo
la espalda, no te rendirías aunque
tus pies se caigan
o el cielo tropiece con tu frente.
Aunque el enemigo baje de donde está
para sobrepasarte.

Nada, sino el odio en tu alma hacia
los que odian.

Si pudiera estarte contemplando allí donde
caíste, mil himnos de Patria o Muerte
saldrían de tus manos y tu machete.

CAMILO

Si pudiera sentarme a dibujarte la sonrisa,
tus labios no cabrían en el papel.

Si pudiera darte la mano y mirar tus ojos,
entraría en tu alma para verte la Patria.

Si pudiera llegar a donde tú estás,
te llevaría de vuelta a la vida.

LAS MANOS DEL MÁRTIR

Aquellas manos y estas otras
no son mías ni de nadie.
Son de una patria que vive
un sueño real bajo el fuego.
Estas manos tienen más siglos
que Maceo y Martí, que Che y Camilo.

Por esas manos hemos perdido
como cualquier guerrero
y hemos ganado las banderas.
Nada nos ha atado a la venganza
con ellas construimos y amamos.
Así se levanta el fusil
con cualquiera de las dos
para hacer al miedo ceniza.

Las manos de un Mártir
no son de metal cualquiera,
son de un lienzo fino
y cuando pasa
por donde hay enemigos
son más fuertes que un tanque de guerra.

Estas manos han tocado las mejillas
de quienes lloran al perder a un patriota.
Se han ido con el viento buscando
al traidor,
se han fugado de unos labios
que han mordido el dolor.

Así son las manos del Mártir,
un libro de paz y de guerra,
una estrella de luz y planeta,
valen más que el oro y toda riqueza.

Sin ellas no se podría encontrar
la victoria.
La tierra pone en su cintura el proyectil
para que ningún agresor
nos tome por sorpresa.
Estas manos tienen nombre y apellido,
se llaman Revolución.

Muchos darían su vida por esta patria
que con manos de Mártires
se ha construido.

RAÚL

Cuando veo un tanque de guerra
pienso en ti.
Cuando un avión de combate trae su sonido
hasta mi oído, pienso en ti.

Entonces digo: más que eso es Raúl.

Gallardo, impenetrable,
capaz de remolcar al enemigo más potente.

Así te admiro por tu semblante e ideas,
no hay temor en la luz de tu mirada.
Las manos alcanzan el mundo cuando
tus dedos se extienden.

Sin ti esta Isla quedaría sin armas,
en tu frente se alza la bandera
de la Patria.

FIDEL COMANDANTE AMIGO

No importa sudar mi ropa si otros sudaron su vida

Una nueva época para América Latina:

,..., parecía que él mismo iba aprendiendo mientras hablaba y enseñaba ,...,

,..., de repente se abrió la puerta y Fidel Castro llenó el hueco con su estatura ,...,

Tomado de Pablo Neruda

Te imagino el personaje más puro,
el intelectual que lleva sobre la mirada el mundo.
Te imagino de talento natural e imprescindible,
eres el corsario que desglosa el mar
y el guerrero que lleva en el alma la patria.
No solo te adoran los que sufren,
quienes murieron luchando grabaron tu nombre,
tu cuerpo de balas refleja la sangre valiente.
Tus labios de fusil clavan al enemigo de frente a frente,
tu talento profundo no está en la fuerza del pecho,
sino en la moral que el pueblo tiene de ti.
Por eso cuando pienso en ti se derraman los ríos
con mis lágrimas,
hay quien no te merece pero tú no tienes límite:
tu volumen es el de esta Isla de punta a cabo.
Como una roca estás impregnado a la tierra,
no se te aprecia tanto por tu valentía
sino por tu dignidad.
En ti no hay final, tu final es tu principio,
tus libros son inmortales.
Las estrellas que en el cielo reposan
son los brazos de combatientes que junto

a ti pelearon sin tregua.
Este pueblo y esta isla son más grandes
que el corazón de América,
ningún yanqui podrá arrancar nuestro cielo
ni nuestra bandera.
Fidel comandante amigo nuestra ideología eres tú,
nadie se para en la tribuna sin pensar en ti,
estás veinte cuatro horas haciendo socialismo.
Te imagino como universo y luz,
con tu carné de militante en cada ciudad
y en cada recaída muy próximo al corazón.
Fidel comandante amigo, soldado de las ideas,
abre tus manos para verte la Patria.

SI LA ROSA NO EXISTIERA LA ROSA FUERAS TÚ

A Mariana Grajales

Estás donde hay obra de arte,
donde el trabajo toma tu encanto
para dejar en tus manos la fuerza.
En ti se abren las flores, hijos y maestros.
Nadie menciona palabra alguna sin recordarte,
eres un símbolo que transcurre diariamente,
los consejos más útiles salen de ti.
Qué podría hacer el hombre si faltas tú,
qué manos construirían sin tu amor,
cómo mencionar un lugar sin hablar de ti.
Eres la página primordial para leer,
en donde te encuentres harás revivir la esperanza.
Tus manos como dos luceros brillan en el alma,
la patria no es patria sin ti.
/Las banderas se alzan por tu honor/
A ti mujer, que escuchas a quien pasa,
que sabes lo que pesa el dolor,
lo que vale una lágrima.
A ti a quien el fuego no penetra,
regalo mi poesía
para que el mundo seas tú.

LA MUJER QUE VOY AMANDO

A Vilma Espín

La mujer que voy amando
se asemeja a una mariposa,
cuando se posa en la rosa le roba su perfume.
Mujer que vive digna de su dolor,
tierna madre, tierna hija,
tierno verso de amor.
Se sabe adentro y desde afuera
y cuando se descubre en ves de reír
se llora.
Sabe de llanto y de trabajo, sabe de vida
y sabe de escuela,
sabe de hija y sabe de madre, sabe de flor
y sabe de rosa.
La mujer que voy amando
construye un alma y una bandera,
merece patria, merece cielo, merece tierra.
Ella va luchando con la pasión
entre las manos
y se va quejando con la sangre
entre las venas.
Mujer de fuego, de mirada firme,
mujer de guerra.
La mujer que voy amando
respeta y la respetan,
y resuelve los problemas con el filo
de las manos.
Mujer de hierro y de cariño que sufre
como un niño,
de tiempo y esperanza que tiembla

en la mirada.

Ella se parece al aire, se parece a un verso,
se parece a un mundo,
sabe lograr, sabe crecer, sabe adorar.
La mujer que voy amando
vive para otros y muere para ella,
todo en su silencio es valor, es sentimiento.
Lleva en los ojos y en los labios todo
el universo.
La mujer que ama sobre canto
y sobre estrella,
es la mujer que voy amando,
es la mujer que voy besando…
Digna hija, digna madre,
digna bandera…

ESPLENDOR DE UN HÉROE

A *René González Sehwerert*

Yo conozco a un amigo sutil de terciopelo,
anaranjado caballero de espátula semblante.
Cada vez que lo miro me duelen los costados
por sufrir su pródiga suerte.
Héroe, no solo del esplendor de su frente;
lo es su fragua mestiza,
su colosal cocodrilo en su pecho cargado.
Yo admiro y consuelo sus callejones enlutados,
por grietas que se cierran más allá de su poesía.
La arboleda no deja de tenerlo cautivo,
soberbio y caudal.
No lo puedo comparar con ningún otro Atilas,
aunque preciso en su nariz el olfato
blindado.
Y que decir de unos ojos iluminados, tercos.
De una boca que se cierra lentamente
para no contar a nadie
la verdadera historia.

CAMINO EMPEDRADO

A *Ramón Labañino Salazar*

Yo sufro por unas ilusiones desmoronadas
de anhelos,
unos arrebatos de papeles descabellados
y afilados.
No se si por la odiada tiranía o por el trágico
nazi en el camino empedrado.
De todos modos digo a ese que está ahí,
con su pantalón de rosas y su corbata arrugada
y la mochila gastada, que la vida no termina.
Que la batalla del enemigo es agua turbulenta
y la fuente algún día se desborda.
/Ese que está ahí, en esta foto leve,
en ese paisaje de algunos años ya,
no deja de ser el héroe de siempre/
Seguidor de Fidel y Martí,
su trayectoria crucial es infinita.
Si no lo conociera así, empuñando su fusil,
esperando la libertad para irse a cuba.
¡Quien no diera por sus zapatos el oro mismo!

IZANDO TU BANDERA

A Gerardo Hernández Nordelo

Caballero:
¡Quien te dijo que yo soy tu fusil
también te dijo que yo soy tu pereza!
Conmigo puedes andar sin el temor
lactado,
sin la mentira callada.
Lo mismo que tu hiciste yo hubiera hecho
y no sabes cuanto quisiera estar en tu lugar.
Cada uno de tus compañeros conoce
tu audacia y tu destreza.
Por eso no dejo de pensarte cada segundo,
de luchar por tu vergüenza y tu heroísmo.
Los que estamos acá te queremos y
robaremos
el mundo mismo por tu libertad.
Caballero:
¡Quien te mencione delante de mí,
no tendrá otra excusa que unos brazos
Izando tu bandera!

TUS CORPUSCULARES PASOS

A *Antonio Guerrero Rodríguez*

Yo he luchado por tu libertad, como he llorado
por tu dolor.
He morado en tu guarida en este sueño frío,
lento, de tantos años corpusculares y
atados a ráfagas cántigas.
Si he sabido de ti, no ha sido por el perfume
clásico del viento.
Ha sido por los medios de difusión masiva
y tus hermanos.
Anchas golondrinas llorosas, familias
alborotadas de sentimiento blando.
Yo te amo y como no te amara, si todos te
amamos,
Desde que no estás tus ideas son más fuertes
y fugases.
Lo dice un niño, el más grande que la palabra
del más gigante de los
hombres.

LENTOS ADEMANES EN TU RISA

A *Fernando González Llort*

Tú que pusiste los sueños en blanco
por irte a luchar.
Allí en el combate no dejaste de pensar
en tu Patria, tu Patria.
Te avecinan unos días de Teatro
como los de la universidad cuando
buscabas tu papel protagónico.
Angola te hizo combatiente de
segunda clase
y tu ejemplo quedará plasmado
como una espada sobre la piedra.
Hermano, libre hecho son los ademanes
en tu risa, sabes esperar
y tu esposa calcula el tiempo
de tu regreso a Cuba.
Nada sino el verso lento de una sombra
sobre tus hombros.
Es la esperanza de los cubanos
que te añoramos.

LA HISTORIA DEL SOLDADO

A Hugo Rafael Chávez Frías

Hace unos días que te fuiste con tu Dios
mi Dios.
Unos días cuando muchas lágrimas
despidieron tu liderazgo.
Tu historia no acabará nunca,
permanecerás en cada corazón triste,
eres como el Bolívar:
tu ideal se alza por toda la América.
No es fácil pensar en ti,
es mejor recordarte que verte partir.
Así dijo el arañero:
"Si uno pudiera volver a nacer y pedir
dónde, yo le diría a papá Dios:
Mándame al mismo lugar.
A la misma casita de palmas inolvidable,
el mismo piso de tierra,
las paredes de barro, un catre de madera
y un colchón hecho entre paja
y goma-espuma.
Y un patio grande lleno de árboles
frutales.
Y una abuela llena de amor y una
madre y un padre llenos de amor
y unos hermanos,
y un pueblito campesino a la
orilla de un río. "
El arañero reposa en este lugar,
entre unas montañas que lo protegen
y una madrecita que cuida de su valor.

Por él y para él se extinguirán los
días sobre la tierra.
Chávez vive en el pueblo, él es el pueblo,
porque así lo dijo y así será.
Venezuela es su patria, pero hay un
mundo entero recordando su honor.
Su ejemplo ha quedado izado
como una bandera,
la gloria que nos espera tendrá
siempre presente al comandante,
al arañero, al muchachito
que alzaba sus bracitos por irse
a combatir.
Amigo de Fidel, seguidor del Che
y de Martí.
Leal a Bolívar por todos tiempos,
fruto de la conciencia y el amor.
…. Compañero, patriota, músico,
alegre, cristiano,
cariñoso, sincero, humilde,
revolucionario ….
Soldado, y qué decir de su voz,
de su mirada, de su justicia;
qué decir de su talento
de caballero.
Chávez dejó en nuestros ojos
la esperanza y en nuestras manos
la confianza, de que siempre
moriremos por él.

Así dijo el arañero:
"Permítanme siempre estas
confidencias muy del alma,
porque yo hablo con el pueblo,
aunque no lo estoy viendo;
yo sé que ustedes
están ahí,
sentados por allí, por allá,
oyendo a Hugo, a Hugo el
amigo.
No al Presidente,
al amigo,
al soldado …"

POR UN MEJORAMIENTO AZUCARERO

A los trabajadores de la azúcar

No he visto a nadie que haya
tomado de la caña solo el
guarapo,
más bien el aroma del sacrificio
ha sido el sudor entre un día
y otro.
Como el edificio que se
construye
desde la base, o una fábrica
de la cual se tienen par
de obreros capaces
por echar todo a andar.

Así es la vida en el cañaveral,
los hombre vertiginosos
a veces mudos, inquietos,
no piensan más que en su
país.
Cuba es la flor de la riqueza
azucarera, es el andén
sobre el cual los medios
de transporte hacen
múltiples ruidos por alcanzar
el cumplimiento previsto.
Todos, desde Fidel hasta
un niño, contribuimos
en la belleza de la caña
de azúcar:
Igual que al hogar hay que

atenderla, regarle agua
y tocarle una orquesta
de melodías diferentes.
La industria fascinaba
al Che como el rocío en la mano.
Sus ojos recorrían la Isla
de punta a cabo,
con tal que cada uno hallara
conciencia de la comercialización.
Cuidar la siembra y recogida
como se hace con los granos,
es una misión del héroe,
del científico, del ciudadano.
Amor por la caña, por la Patria,
mi Patria …

PEQUEÑA ROSA

LA MUCHACHA DE CABELLOS DE ROSAS

Yo te miré y parecía que había una luz en tus manos

Yo te miré y parecía que había
una luna en tu cuerpo,
un recuerdo de alguien como
tú salió de mi pecho,
y sin poder contener la dulzura
en mis labios me fui poco a poco
sumergiendo en tu boca.
Yo te miré y eran muchos los
que te miraban,
pero nadie lo hizo como yo lo hice.
Yo fui el único que cayendo
en tus ojos
preguntó tu nombre,
el que escalando la noche
llegó a la montaña donde
tú me esperabas.
Yo te miré y parecía que había
una rosa en tu pelo,
me fui hasta tu voz
para recorrerte un poco,
y sin que lo supieras
me puse a escribir
unos versos para tu hermosura.
Yo te miré y mis pasos
se hicieron lentos detrás de tu
cintura,
te miré y tu cabello empezó
a soltar los pétalos hacia
mis pies.

LA CASCADA DE TUS OJOS

En tus ojos hay una cascada
y cuando las rosas pasan
por ella tu sonríes.
El agua corre como si fuera
tu cuerpo por mis labios.
En tus ojos hay una cascada,
pasa por ella el universo mismo,
mis manos como planetas
y grandes amores como
en los libros.
En tus ojos hay una cascada,
la llaman así los que te quieren,
aquellos que te miran como yo,
los que sale del corazón
cuando la lluvia cae.
Corre por ella mi gran cariño,
el talento de adorarte
y los caminos tristes.
Los peses que acostumbran
a besarse,
los señores que traen las flores
y los niños que saben amarse.
Todo pasa en tu cascada…
En tus ojos hay una cascada
y yo soy la corriente,
soy el viento que la acaricia
y el mar que la espera siempre.

AUNQUE NO LO CREAS

... de mi corazón para ti ...

Aunque no lo creas he pensado mucho en ti.

No te he visto a diario como los árboles
que me rodean,
pero tengo tu imagen en mis ojos
y están formando un arcoíris en sentimientos.

Yo no sé como fue que eso pasó,
solo sé que cuando tus labios vi,
quise morderme los míos.

/ Te pareces al pequeño olvido
y a la palabra melancolía /

No te he visto a diario como los niños
que me rodean,
aun así el mundo es testigo de lo
que siento por ti.

Aunque no lo creas he pensado mucho en ti,
pues cuando te veo,
mis manos se abren como una rosa
para decirte te quiero.

HE OLVIDADO BESAR

He olvidado besar
porque el amor no está conmigo,
y estoy buscando unos labios
que me vuelvan a enseñar
lo que se siente por un beso.

He olvidado besar
y lo digo sin orgullo.

Tengo el aire que me rosa
y la sangre que me corre;
pero sin una carne que me toque
y unos ojos que me velen,
no recordaré jamás
la dulzura que se siente.

He olvidado besar,
y lo digo así tan triste.

Todo aquel
que un beso al lado tiene
no lo deje escapar,
que lo pague a cualquier precio;
pues que gana un hombre
con soñar si al despertar
se muere por un beso.

NO LO DUDES AMOR

Amor, tu pensarás que me
porto mal,
pero hay en mis ojos una flor
que quiero regalarte.

Hay en mis manos una
montaña
para llevarte a ella.

Tu pensarás que mis errores
no me salvarán,
y sin embargo tú me salvas.

Hay en ti tal encanto que
siempre me hace volver.

No dudes amor de este
hombre que te ama,
que aunque no es perfecto
no deja de pensar en ti.

Así me consumo igual
al humo de un cigarro
cuando caigo en
tus brazos.

Soy como un lunar pegado
a tu piel,
no lo dudes amor.

A UNA MUJER

Aunque no quieras
saber
más de mí,
mi corazón que te
idolatra
te bendice.

Seguramente
que al cerrar tus ojos
verás una lágrima
mía, y un beso que
parpadeando en
la cima de tu labio
se quedará en
tu boca
para recordarme.

LO DIFÍCIL DE TUS OJOS

Estoy observando
en tus ojos
mi tristeza,
pues mis lágrimas
son más grandes
que el mar
que hay en ellos.

Son tus ojos
siempre tus ojos
a donde pego
mi primera mirada.

Tus ojos
los que no dejo
de buscar
en mi pensamiento.

MI VIDA UN CAMINO EQUIVOCADO

Mi vida se ha complicado
de tal modo,
que los zapatos no me
dan para más.
Que haré, donde iré,
sin unos pies
firmes que me digan
como andar.
Este no es el final,
no lo será:
seguiré por el camino
sin zapatos, sin ti.
Estoy frío, seco,
con un puñado de
dolor en la garganta.
A punto de perder un
amor así…
Me voy a entregar
cuerpo y alma
a este sitio que no
me pertenece, a esta luz:
como la roca al fuego,
como el aire a la
atmósfera.
Soy siempre así, estoy
siempre así:
moribundo para
ser herido.

SI NO QUIERES PERDER A UNA MUJER

Si no quieres perder a una mujer
comprende antes que nada
que el amor no es un contrato.
Pues el objetivo fundamental
de toda relación es mantenerse
seguro y confiado.

Si no quieres perder a una mujer
conoce sus gustos para que obres
bien en cada Intervalo.
Y así mantenerte dichoso
sin alejar tu corazón.
No la maltrates, no la insultes
ni la regañes.

No le digas su ignorancia,
observa su buen sacrificio.
Ofrécete a amarla cada hora
y no prefieras otra cosa que a ella.
No busques motivos para alejarte,
pórtate bien y de vez en vez
hazle un engaño.

Sé romántico, invéntale una flor
y después cárgala en brazos.
Aunque no lo creas
siempre te estará esperando
y en su mente solo habitarás tú.

Si no quieres perder a una mujer,
no esperes que ella te reclame,
adelántate para que se incremente
su sonrisa.

Si no quieres perder a una mujer
no le ocultes que la quieres,
demuéstrale que la amas.

SI EL CORAZÓN TE DEVUELVE LA RAZÓN

Si el corazón te devuelve
la razón,
estaré esperando que
una lágrima tuya
se consuma con la mía.

Así con una caricia
nos perderemos
uno al otro,
como si en la vida
existiéramos
solo los dos.

Yo te amo, así te amo,
entre las rosas y el dolor,
con un pequeño recuerdo
que no olvidaré jamás.

Pero es preciso a veces
sufrir por un beso,
y hasta por eso que no
imaginamos descubrir
sin llorar.

Si el corazón te devuelve
la razón,
abre los ojos para ver
a quien de verdad se
muere por tu amor.

POEMA ENAMORADO

Mantén una flor en tu mano
para recordarme.

Mira en un punto de la pared
como te desglosan
mis ojos.

Acuéstate en un lugar
donde tus muslos
sean libres,
y yo pueda acariciarte
con la brisa.

ATADO A UNA MUJER

Una mujer puede robar
mi pensamiento,
pero no mi vida.
Estoy atado a ella como
la hebra al hilo,
una cizaña a un
escarabajo,
un tulipán a un
rascacielos.

Todo eso es estar
desnudo,
al revés después del
descubierto,
y de una sonrisa como
el fuego,
que va calando
la mejilla.

Su dolor se ha pegado
a mi consuelo,
su herida a mi pena
y me pesa el corazón
gravemente.

INMENSAMENTE SOLO

Inmensamente solo
con este dolor,
esta cruz.

Palpitando en el asombro
de mi alma,
en la luz.

Rumorando a cada quien
lo que soy,
que doy.

Buscando explicación
del corazón,
el tiempo.

PEQUEÑA ROSA

Sabes cuando llegas
al néctar de mis labios,
tú sabes todo
porque mueves tu cintura,
y yo me deleito en tu
risa enamorada.
Pequeña rosa, baila a mi lado,
pasa esta noche conmigo
sin fronteras.
Por verte feliz daría mi
vida a cambio.
Yo no comprendía cuanto
te quería,
y mi corazón con tu ausencia
recuperó todas las fuerzas
para amarte eternamente.
Pequeña rosa, abrasa mi
mejilla,
prolonguemos esta calle
hasta que la última copa
embriague nuestros ojos.
Déjame cargarte mi pequeña,
y decírtelo al oído:
no quiero que nadie
ni el aire ni el olvido
escuchen que te amo.

PÁGINA LANGUIDECIDA

A la mujer que sin importar
quien diga o no
mis errores,
ha reconocido que la quiero
con toda el alma.
Y que estando dispuesta
a buscarme una ciudad,
camina con el tiempo
en el pecho
esperando de mí el recuerdo.

A ella estos versos, estas uvas,
estos carnavales de estrofas.

Bien sabe esta pequeña rosa
que nada en ella es ínfimo,
es la belleza de sus actos
lo que la hace inmensa.

Me ha superado en el amor
y me ha enseñado
que un hombre no debe justificarse,
que un beso significa a veces
todo el cariño que una
mujer anhela tener.
A ella estos versos,
estas sábanas,
estos musgos lánguidos
que serán publicados.

IDOLATRIA

Que fuego hay en
tus labios, y
en tu vientre.

Tu mejilla desborda
el mar y
por eso te idolatro.

Pequeña rosa
todo el mundo
cabe en la palma
de tu mano.

Hay quien dice
que eres pequeña,
y yo confirmo
que igual que
el universo
tus sentimientos
comenzaron en
un punto.

DELIRIO

Una rosa es un delirio
del poeta:

En mi descripción
más simple
la comparo con la mujer
amada:

En mi descripción
más infinita
no la comparo,
significa el universo: . . .

TU ERES EL DELIRIO DE UN POETA

¡ … Ojalá!:
Que los versos de tus labios
se desprendan como las palomas
en el aire …
… Que las palmeras al mirarte
contemplen las golondrinas volando
una por una al otoño de tu pelo …
… Se mueren mis ojos locos por tocarte
y las sábanas resfriadas por dormir
en tu cuerpo de aderezo … o
en el aderezo de tu cuerpo …
… Motora mía, luz coherente hacia mi
pecho, eres el ferrocarril donde culminan
mis terminales, el pasajero en espera,
el pedacito de pezón de almendra
para una boca tímida como la mía …
… Te nombro porque te recuerdo en
cada pestañar del tiempo, en cada
brisa tuya que se escapa de
tu cara de cereza …
… Como rocas tus ciudades despobladas
me roban los botones de tu encaje,
y las semillas de mis campos
no terminan sino en un beso …
… Tú eres mi delirio:
- el delirio de un poeta y la primera vez
que descubro algún tesoro …

VOLVER AL MISMO SENDERO

He querido desprenderme
de unos ojos largo como la lluvia,
de una remesa como la que hay
en tu cuerpo,
y siempre vuelvo a ti, preso por ti.

Quise desprenderme
en la más corta distancia
y del más cercano beso,
pero siempre vuelvo a ti, preso por ti.

Lo pensé y no dudé ninguna
de las ocasiones en marcharme,
y al mismo sitio he vuelto:
como el ave que perdió
su guarida, o como el estiércol
que unos pies pisaron.

… No niego que mi corazón
se había enamorado de unos
labios celestes y de una espalda
salvaje … De cualquier modo
cuanto te amé …

Ya no más, no más, mi vida ha quebrado.
El amor desesperado siempre
se encuentra, pero el verdadero amor
jamás te espera.

De cualquier modo
no voy a volver a tu vientre de púrpura,
ni a tus senos rosados
que nublaron mi mente.

No volveré por el mismo camino
ni al mismo sendero
a los senos rosados,
ni al vientre de púrpura.

ODA A LUZ

SOY PARTE DE UNOS VERSOS VIOLETAS

,..., Este solo es el comienzo del sentimiento
que se ha despertado por ti ,...,

Soy parte de unos
versos violetas,
de una muchacha llorosa
que invierte su tiempo
en el color de mis versos.

Igual que el espacio
sus senos irradian una
nitidez de colores:
como margaritas veladas
de estrellas fugases.

Es simplemente una rosa
e inmensamente una mujer.

Lucero tras lucero:
sus ojos me envuelven
con un beso.

UNOS VERSOS PARA TI

Estoy escribiendo unos versos
para ti,
unos versos como espumas
con el corazón apasionado.

Con la mirada en la distancia
para que no escapes de mis
brazos.

Me estoy apasionando con tu
sonrisa y el color de tu pelo.
Que linda eres,
yo te quiero siempre mía,
siempre para acariciarte y
rondarte la mejilla
de besos enamorados.

Estoy escribiendo para ti
unos versos de miel y
de pétalo,
unos versos encendidos
de amor y de trigo.

Desde el día que te vi
se despertó en mí
la locura con que te quiero.

MUCHOS AÑOS

Me gustaría vivir contigo
muchos años,
años de primavera,
de invierno y de añoranzas.

Para verte las flores de tu cuerpo
y los dulces senos
que se pierden en mi boca.

Y la dorada idolatría
que poco a poco se va sumergiendo
en mi vida.

Me gustaría vivir contigo
todos los años de la existencia.

PARA MI LINDA MUCHACHA

Para mi Luz …Holguín 19/06/2013

Muchacha, tú has despertado mis
lindo sabores,
contigo el tiempo es tan pequeño
que no imagino si pasa más de prisa.

Yo te amo desde que toqué tus manos
de azucena
y miré tus labios de flores.
No sé que decirte ahora que te tengo,
el corazón late más alegre y a la vez más
triste cuando no estás.

Paso las horas del día inventando una sonrisa
porque solo unos besos como los tuyos
son capaces de provocar mi felicidad.

Cuando te miro te idolatro desde la
Imaginación,
y trato de escapar de donde esté para correr
a tus brazos.

Si supieras cuanto he aprendido a quererte,
a acariciarte con el alma desnuda;
el perfume de tu roce es más inmenso
que cualquier distancia.

Declaro hoy a la luz del Sol y de la Luna
que estaré siempre contigo,

que no hay mujer igual que haya despertado
en mí un sentimiento de margaritas.

El solo hecho de haberte conocido,
es suficiente para que guardes
en tu corazón
todo el amor que siento por ti.

Te quiero, muchacha mía,
clavel mío, que una mañana de Junio
el amor me trajo.

DENTRO DE UNOS BESOS

Porque nos quedamos dentro
de unos besos,
de unos años oscuros,
minúsculos.

/Un beso justo a la medida
de tus labios
para que el día te resulte
inmenso
cuando pienses en mí/

Porque somos parte de todo:
del principio y el fin.

TU MANO

Tu mano es un pedacito
de oro suelto sobre
el mar.

Una paloma en el aire
como dos pétalos
que se cierran.

MI CORAZÓN ES POESÍA, MI CASA ES POESÍA

Que lindo amanecer con unos
besos como los tuyos,
unas caricias como las tuyas.

De pronto parece como si una
lluvia se desplegara
con el viento hacia tu cuerpo.

Tu encanto es infinito y no olvido
ni un instante
las inmensas miradas que
enloquecieron mis ojos.

DEL PESAR

,,, Del pesar
un puente caído.

Como a cien rimas
un sueño.

Un destino único
sin ataduras.

El mismo dolor
saliendo
a flote como una ciudad
vacía ,,,

LEJOS DE COMPRENDER

Estoy lejos de comprender el carácter exacto
de las cosas /que nos suceden/,
como si cada uno de nosotros tuviera su propio
sentido del tiempo, su propia salida.
Estoy lejos de comprender porque la vida nos trata
/de diversas maneras/, a veces imposible
avanzar en la trayectoria
/que el destino nos ha dado/.
Hablo por todos nosotros aunque soy el
resultado del acto, del fracaso;
pues sé que otros como yo deben estar
sufriendo en algún sitio.
Einstein no se equivocó cuando introdujo
los /desgraciados/ sistemas de referencias:
en cada par de nosotros hay uno móvil otro fijo.
Por eso cuando estamos en una parada el
tiempo se hace más lento y pesado,
/nos aburrimos/;
cuando viajamos el tiempo pasa más rápido
/pues vamos alegres/.
No quiero explorar la aventura de cada cual,
su secreto,
he venido con la reflexión para saber como nos
pesa la vida:
si vale más el hombre sobre las ruedas
o sobre su suerte.
Es que he encontrado tan solo una parte de mí,
un pequeño cansancio por bosquejar
mis entrañas,

un fragmento de luz se ha cruzado a mi espalda
por hacer cada día la voluntad de mi voluntad …
ya lidio más con lo que no me gusta que
con lo que me atrae.
Es para pensar y romperse los pulmones llorando;
aunque los amigos se ahoguen
con nuestros problemas
o las señoras con nuestras desdichas.
De todos modos el objetivo es seguir y seguir,
porque así nos enseñó el maestro,
el mismo que nos creó …
Alguien quiere borrar la luz,
nuestras señales,
por eso el planeta sobre el que estamos
está ajeno en nuestro corazones.
Estoy lejos de comprender tantos libros
y escuelas, si la vida se comporta como
una matriz de precipicios distintos,
como una ramificación que en arbitrarias
direcciones nos lleva rumbo al caos.

¡COMO!

Como aprecio mirarte,
contemplarte.

Como corro a tus brazos cada vez
que necesito
una caricia, una sonrisa.

Como me desordeno cuando
te miro colérica, explosiva,
cuando dices palabras que hieren
sin ninguna maldad.

Como me encanta provocarte para
mostrarte mi amor.

Como me gusta mirarte, buscarte,
comerte a besos
cada vez que me besas.

AMOR

Este pequeño poema va dedicado
a una mujer que recuerdo constantemente,
que por su bondad merece dedicarle
todos los años de la vida.
Vaya mi poesía recorriendo sus caderas,
quiero morir enloqueciendo cada vez
que pase meneando su cintura.

Amor, te regalo este corazón, tu corazón,
sumérgete en él, conoce sus costados.
No pienso en otra cosa que en
entregarte mi historia, mi anhelo.
Te estaré esperando cada vez que un beso
tuyo pase por mi boca.

NOSOTROS LOS HOMBRES

Nosotros los hombres
somos como la luz,
recorremos cualquier lugar.

Así como la luz
está compuesta de partículas,
nosotros estamos hechos
de sentimientos.

No hay diferencia entre la luz
y nosotros,
entre las partículas y los
sentimientos.

Cuando la luz aparece
ahí estamos nosotros,
somos parte de ella.

Que haría el hombre si en
su alma
no existiera un rayito de luz.

AL SALIR DE UNAS LUCES OSCURAS

Al salir de unas luces oscuras,
mi corazón creó unas barreras,
entre el amor y el sosiego.
Múltiples amores
que en el largo camino de mi vida
aparecieron.
Me lancé, crucé, y amé sin la medida
correcta.
Fui más allá de la pasión
para sumergirme en unos brazos
cerrados,
una boca fría y una ciudad
desmoronada.

Un tiempo después cambió el color
de mis ojos, la matriz de mi encanto;
porque encontré añoranza en un corazón
distinto, unos brazos abiertos,
una boca ardiente y una ciudad
fortificada.

Puedo decir que el amor es la intensa
luz que se esconde en el alma de cada cual,
que hay que hacerlo brillar para
borrar el dolor del ser que adoramos.
Por un momento salgo de la pasión general
para comunicar que la melancolía
es el mayor sentimiento.

Mi poesía es un largo atardecer que
termina en las manos que idolatro.

Entro en unas luces claras
entre el dolor y el sosiego,
donde el largo camino de mi vida
se resume en el amor que
he encontrado.

ESTE AMOR QUE HAY DENTRO DE MI PECHO

5 de agosto de 2013

Tengo unas palabras que decir y
unas razones para explicar:
El universo dentro de mí es una fantasía,
que al pasar el tiempo se convierte en realidad.
Yo no puedo predecir el suceso real de las
cosas, /lo comprendo/, sin embargo existe tal emoción
en mi alma, que veo un velero irse,
una sonrisa esfumarse,
una ventana abierta que mira al mar y
unas canciones que alguien canta sin sentido.
Pero todo va en la dirección que el viento sopla.
También puedo descifrar el mensaje escrito
por una señora que llora sus años,
la aventura ya pasada, y seca sus lágrimas
porque el mundo termina en su llanto.
Me hago preguntas y trazo metas que me hacen
cabalgar por el camino más difícil,
por la morada más recóndita, por la luz más
infinita, por el paisaje más abstracto;
pero después de todo llega el amor,
siempre el amor, para curar heridas,
salvar detalles, vivir momentos, sentir
pasión.
Decirle al corazón que un amor empieza,
o que un amigo dio su vida por una mujer
es ponerme yo en esa posición,
pues todos necesitamos pasar esta prueba,
este veloz destino que nos envuelve las piernas

y más tarde nos da la felicidad o el fracaso.
Creo que hay un segundo de la vida
en que la mayoría de las personas dicen la verdad
y el resto del tiempo mienten;
pocos somos los que no caemos en tentaciones
ni delitos,
"quien de verdad sabe de que habla no tiene razones
para levantar la voz"
así dijo Davinci, y yo diría:
/quien de verdad no sabe de que habla tiene razones
para levantar la voz/
Hoy, precisamente hoy, cinco de Agosto,
mi carne y mis huesos
respiran la atmósfera por cuarenta y tres años,
y sigo aquí vivo, desnudo, libre, colérico,
con mi mente puesta en marcha hacia
la distancia, a donde quisiera volver
y no regresar.
Al mismo tiempo sé que no soy el culpable
que un día como hoy alguien esté sufriendo
por algo o por alguien,
que una rosa pierda sus pétalos por que
nadie le haya regado el agua,
que unos ojos se queden dormidos y nunca
más vuelvan a abrir,
o que un amor me recuerde porque le entregué
el mismo amor;
cualquier acontecimiento que esté ocurriendo
simplemente ocurre porque hay una causa
natural: una fuerza que se deslinda
y empuja a los objetos en el eje del tiempo

ames o no.
Más que razones tengo para escribir y
no descansar, para pasarme las horas
mordiéndome los labios, para apretar mis manos
unas con otras hasta hacer brotar el dolor,
para mirar el globo terráqueo con desconfianza,
y preguntarle a la materia qué somos, de donde
vinimos y hacia donde vamos.
Basta un nanosegundo para dejarlo todo,
para que el espacio y el tiempo se divorcien
y entonces caeríamos de nuevo en la nada,
de donde realmente salimos, hechos partículas,
hechos haces diminutos, pero diferentes;
por eso no todos pensamos igual,
no todos entregamos igual.
Me creo, y creo en unos ojos que miren sin
desviarse,
en una boca que hable pausada,
en un pecho cargado de valentía,
en un haz de luz nítido de siete colores.
Todo en usted debe estar en armonía:
su espacio y su tiempo,
su materia y su energía,
su sentimiento y su pensamiento.
Si algo falla o no sale como usted lo imaginó,
no busque supersticiones o
adversidades, revísese así mismo,
critíquese antes de señalar a alguien,
al menos una vez en el día mire su cara
en el espejo, y hágase una sola pregunta:
/he sido sincero conmigo mismo/.

Todos somos un equilibrio, una sonrisa
que se disfraza o una mirada que se pierde
en la faz de la tierra: /giro de materia que
revolotea en su órbita sin interrupción/.
No pretendo hacerlo mi confidente o que mis
ideas pasen a ser parte de las suyas,
he venido aquí solo para contarle mi historia,
el resultado de mi mismo, las veredas que marcan
el camino hacia lo vivido.
La poesía es el lugar donde comienzan y terminan las
emociones,
la palabra, solo la palabra es lo que hace a un hombre
más honesto.
Los libros, hay de los libros que se leen
sin comprender, de las casas habitadas por personas
vacías, de los lugares que se visitan sin
recordar, del tiempo que pasa inadvertido.
Es triste ver a aquel que gasta sus días
metiéndose en la cabeza libros y más libros:
su horizonte se reduce al conocimiento
de la naturaleza, pero al mismo intervalo de tiempo
la vida lo golpea, lo hace más humilde,
más conforme con lo poco que ha podido obtener.
No se puede comparar un hecho de otro,
pero hay de los hijos si no tienen qué comer
o que vestir, usted se verá en la obligación
de vender lo poco que le queda para subsistir.
Esta reflexión es única: bien dedica su vida
a estudiar, bien dedica su vida a trabajar,
solo que al final tendrá más dinero el
que menos tiempo estudió, el que menos

tiempo pasó rompiéndose la cabeza
en una educación.
Es bueno estar definido y entender bien
lo que realmente queremos, saber a dónde
podemos llegar, solo así el universo
nos resultará más pequeño,
se apague una luz o se encienda una flor.
Yo no quiero un racimo de estrellas
que se deshagan en el firmamento, más bien
una estrella que viva en cada uno de nosotros
y nos golpee con su luz la raíz de nuestro
sentimiento.
Este amor que hay dentro de mi pecho
es la luz de esa estrella que comenzó
como una onda a oscilar,
y hace al tiempo menos denso.
Irradiando en forma de luz nuestro presente,
nos facilitará ser mejores seres humanos,
es ahora o nunca en que usted abra
la rosa que hay en su corazón
y se haga estas preguntas:
/dónde está quién por la noche llega en un sueño
y luego se marcha,
quién sin pensar en la vida entrega la suya,
quién renuncia a todo solo por volver/.

ODA A LUZ

Del Caballero de la luz
15 de Agosto 2013

Mariposa mía, fragancia de luz,
he venido a ti con el corazón
agitado y la mirada fría,
soy el riel para tus encantos
y la montaña para las uñas
de tus dedos, no tengo cosa
más bonita que unas
mejillas olorosas como las
tuyas.

Eres mi fiesta, mi abanico de
pasiones, una por una
tus caderas se ensanchan
y me pierdo, sonrío por mil
veces hacerte el amor;
igual que el día aquel
cuando te conocí es el
día de hoy que no dejo
de soñarte, estoy atado a ti
como la tarde a la mañana.

Llevo meses contemplando
tu hermosura, me entrego,
me excito
cuando recibo una caricia
tuya que con dulzura me entregas,
cuando tus ojos de mirarme
se convierten en una cascada.

Que puedo decir ahora
Luz, mi Luz,
Rosa del poeta,
del caballero de la luz
Flor del mes de Junio,
soy tu tulipán, tu marinero,
tu guardián en el amor
y en el sosiego,
ven a mí, a calmar mis
ciudades, y mi cuerpo.

Ven que una sonrisa tuya
vale por mil besos.
Mariposa mía, muévete hacia mí pecho,
estoy esperando tu cuerpo
sobre el mío, hagamos esta noche
otra noche, multipliquemos las
razones del tiempo para amarnos,
siempre tuyo, loco, por ver en la
luz tus colores, tus peldaños,
por dejar en las paredes tu nombre.

Princesa, mi princesa,
mi delirio, mi ansiedad,
mi tristeza, mi nostalgia,
comparo cada cosa de tu cuerpo
con los detalles del universo,
estás aquí, me elegiste,
quién soy yo para cambiarte,
quién soy yo para encontrar

explicación en el amor,
canto por ti, pregunto por tus
ojos, te quiero siempre mía,
siempre para hacerte mujer.

Luz, mi Luz,
Rosa del poeta,
mi destino es buscarte
cada vez que sienta
en mi pecho la soledad,
amarte es mi afán,
vuélvete sangre que pasa
por mis venas,
dolor para mis heridas,
sentir para mi corazón.

Te quiero siempre mía,
cañada, uva, fresa,
pedacito de pezón,
relieve sobre la tierra
que dibuja mi mano,
te quiero para que nadie
te quiera como yo.

Perla, mi perla, te regalo
todo el tiempo del mundo,
la galaxia que visita
nuestra cama,
sumérgete en mi pecho,
desnúdame, desnúdate,
y hagamos el amor.

EL AMOR ME LLEVA HASTA TI

Versos en prosa, frescos y jugosos, para mi Luz…

*El amor me lleva hasta ti, la madrugada está fría y pienso en ti,
respiro tu olor entre las sábanas y dejo que el roce de tus labios
se confunda con mi beso.
Te beso, te acaricio, dibujo tu mejilla entre los árboles y el silencio.
No hago otra cosa que sumergirme entre tus piernas,
tus caderas se estremecen y un suspiro mío se pierde en tus senos.
Siento el tictac de tu corazón palpitar con el mío cuando tu cuerpo
se pierde en mi cuerpo.
Te digo las mejores frases y los mejores poemas para que tu mente
viaje fresca de nuevo hacia mí.
Yo te amo y este amor me hace convertir una espina en una rosa,
una piedra en una montaña y una ciudad en el universo.
Me entrego, salgo de mi mismo y como la lluvia mojo tu espalda,
una y otra vez miro tus muslos estremecerse de anhelos,
tu vientre está fresco como una uva que llevo a mi boca.
Te repito, me muero, me muero y volvemos a entregarnos
intensamente en otra pasión.*

*Rosa de mi rosal principal, tú eres el amanecer de mis mejores días,
el viento que pasa lento por mi pecho dejando una huella
para toda la vida,
la muchacha que ha dibujado en mi destino el tiempo y
no me ha dejado tiempo para nadie más,
la luz que se esconde en lo más profundo de las entrañas y
va quemando con dulzura el alma,
el amor más reservado que he encontrado y se ha mostrado solo
a mis secretos.*

El amor me lleva hasta ti, después de entender el pesar
de tus manos, la fuerza de tus ideas y el valor de tu corazón.
Soy tu mayor romántico y mi poesía como una hoja seca va a
parar en tu fuente.
Llevo el camino por el prado alegre y la vida diera cada vez
que estés frente a mí.
Todo quisiera pedir: que tus brazos como una ola terminen
en mi orilla, que tu cuerpo como la hierba prenda en mi cañada,
que tu pensamiento como un lucero brille para mí,
que tu alma como una rosa se deje cortar las espinas, y tú
fundamentalmente tú seas mía para siempre.

ME REFUGIO EN TUS BRAZOS

Versos en prosa, frescos y jugosos, para mi Violeta…

Me refugio en tus brazos, en tu cintura que me lleva a los
placeres más inciertos,
la luna que conmigo juega sabe de hecho que no hago
otra cosa que soñar contigo,
en tus brazos con sabor a herida, porque nada cura este dolor,
esta nostalgia que día a día quema mis entrañas.
Es la soledad la que me abraza por ti, la que me consuela
cada noche pesada, la que llora conmigo y
este llanto es puro como el clavel de una flor.

Refúgiate conmigo, ven a probar el sabor a fresa en mis labios,
tráeme la soledad por un segundo,
el resto del tiempo la quiero pasar contigo inventando
arquetipos.
Tráeme la estrella dorada que dejé en tu cuerpo,
quiero plantar en tu espalda las margaritas más disímiles,
soy tu gavilán tu eres mi paloma, contigo iré a inventar
el misterio del amor torrente,
el dolor que pasa leve por el alma y se escapa,
para así volver a entregarnos en un verso.

Mírame, renuncia al día y a la noche, no importa el siglo que
estemos inmersos en la lluvia,
no importa la luz que pase y se pierda en nuestros ojos,
no importa el camino por el que crucemos, solos tú y yo
como la raíz y la planta.

Así me voy sumergiendo en una lágrima tuya que vibra
en mi mano,
en una lágrima que termina en la mía.
Te quiero, te quiero, vuélvete a mí, entrégame tus ciudades
y tu crisol,
soy tuyo desde que la melancolía perdió sus costados,
desde que alguien pulió el alma desordenada,
desde que nació el primer beso y la primera mirada.

NO PUEDO VIVIR SIN QUERERTE

El amor que siento aquí en mi pecho
es la prueba que las rosas quieren
regalarte.
Tu llegaste con la luz de una estrella
para iluminar mi vida.
El extenso camino que nos amaremos
siempre estará cubierto de amor y
placer.
Yo te amo desde que el soplo del viento
descansó en tu mejilla, desde que las
noches no se escaparon de tus senos.
Por eso no puedo vivir sin quererte,
eso significa que estás impregnada
a mi poesía.
El momento más feliz es cuando
tus labios desprenden un beso
dulcemente.
Mi objetivo es amarte, y que en un
sorbo de vino tu cuerpo se hunda
con el mío.

A LA ROSA DEL POETA

Para Iraida 03/01/2014

A ti este libro,
esta palabra,
este corazón.

A ti mis manos
para tu cuerpo,
mis ojos para
tu encanto.

A ti esta poesía,
mi poesía.

Pequeña mía,
rosa mía,
delirio mío.

A ti estos versos
estrellados.

CONMIGO MISMO

/Las rosas se han ido:
el detalle, la risa, el silencio, todo,
incluso yo que no existo.
La brisa que golpeó sobre mi hombro
también está presa/
/Desnudo y porqué no, a tantos amaneceres/

/Estoy vacío y sin esperar llenar mi dolor/

/La soledad está en mi camino como una
ecuación infinita, empezaré a desdoblar
mis sentimientos, para que la tristeza
que siento no ande en mi cama eternamente/

/Escribo poemas para alguien especial,
las margaritas,
soy un volcán que ha apagado y no ha
vuelto a encender.
Como una luz que ha recorrido mil distancias
y no encuentra sendero alguno.

/Estoy en un rincón recordando quien soy,
tirado como un objeto cualquiera,
abandonado,
con una frase en los labios que alguien me dijo/

/Con la inteligente voz que sonríe, el mundo se
hace trizas.

Delante de mí no hay obstáculos ni barreras
posibles/

/Por el rincón del cerebro está navegando
mi mente.
Estoy entrando en las entrañas de mí mismo
y en la casa del dolor.

Aliento el corazón y el espíritu.
Soy fuego indeseable a las puertas del abismo.
Donde está mi vida no lo sé,
solo puedo descifrarme como uno más que
nunca existió/

EL ALMA DE UNA MUJER

31/08/2018

En el alma de esta mujer habita
el dolor,
es triste pero fuerte.
Amiga mía por mil amores.
Es solo una flor, una rosa llena de
cualidades, frívola y apasionada.
En sus ojos está el ser justo y el ser
hermoso.
Me encanta la cabellera de esta
amiga mía que día a día observo
y elogio.
Es como una hoja en el árbol
que se mueve al compás del aire.
Muy dulce su sonrisa….
Esta amiga mía me ha entregado
su vida y yo le he entregado
la mía.
Sabe decir adiós cuando sus labios
se pierden en un beso.
Es la hora que seguramente no quiera
saber más de mí,
esta es la hora en que
repentinamente sin dudar
su corazón se deleite por mi ausencia.
Pues al llorar sufrirá el anhelo
de morir y cerrará sus ojos
para recordarme.

NUESTROS CORAZONES

25/12/2019

Ayer me senté con un amigo para contarle
los treces consejos más útiles del ser humano:
Comencé por mi mismo, diciéndole en
qué me he equivocado y que he logrado.
Al percibir que me estaba autocriticando
dijo: creo que ya me has dicho el primer
consejo: la autocrítica.
Segundo: no envidies la fortuna
de nadie, construye tu propia fortuna,
que el porvenir de otro sea tu alegría.
Tercero: jamás odies a nadie porque te
haya hecho daño, ni desees su muerte,
aprende a valorar a esa persona y
volverá a ti luego disculpándose.
Cuarto: aparta de tu alma el rencor,
el egoísmo y el engaño; te sentirás mejor
contigo mismo si aprendes a perdonar,
a ser solidario y a ser honesto.
Quinto: cuando alguien se interponga en tus
proyectos, no le respondas igual,
espera el momento preciso cuando necesite
de ti y tu humildad será su enseñanza
y su arrepentimiento.
Seis: acepta lo mismo al enemigo que al amigo,
no olvides que todos nos equivocamos, así
como el mundo no es perfecto tampoco
nosotros lo somos; como valoras a tu amigo
acércate a tu enemigo y ganarás su amistad.

Siete: cuando una la relación de pareja termine,
debes estar preparado para luego aceptarla
como amiga o amigo; no olvides lo bueno que
te entregó, deséale encontrar a alguien que la
haga feliz, pues igual serás recompensado.
Ocho: si tu padre o tu madre no te quieren
igual que a tu hermano, no le faltes por eso;
busca cada día aproximarte a ellos con cariño
y llegará el momento que tus buenas acciones
sean reconocidas por sus sentimientos.
Nueve: mantén en calma tu cuerpo, que todo lo que
anhelas llegará a ti, siempre y cuando luches
por ello. No te aflijas y aprende a esperar
que las cosas buenas llegan en el momento preciso.
Diez: no valores a nadie por sus conocimientos,
valóralo por su comportamiento moral, su
ejemplo y modestia. Más sabio es aquel que
comparte con amor lo poco que tiene.
Once: todos somos una familia, un conjunto,
una matriz, la misma carne; no descuidemos
separar el brazo del cuerpo. Marchemos por
la misma trayectoria si somos lo mismo,
no hay nadie preferido en particular,
todos tenemos el mismo derecho, realizamos tareas
diferentes, pero nuestra unidad es el universo.
Doce: la vida es una en cada uno de nosotros
y como es irrepetible, lo mejor será vivirla en
pareja, pues la vida se compone de todo lo que
podamos aprovecharla.
Trece: que nuestros corazones como flechas
dispersas converjan siempre en el mismo blanco.

YO CREO EN ESO QUE SE LLAMA EL SECRETO

Yo creo en eso que se llama el secreto.
El único viajero de una mente a otra,
de un pueblo a otro,
de una piedra a otra.

Lo tengo bien adentro para que sea mío
y pueda alimentarme con su riqueza.
Para que su energía se propague
por todo los pensamientos.

El secreto no es secreto si alguien lo sabe.
Por eso cada cual debe reservarlo
y hacerlo propiamente suyo.
Y así sin saberlo el secreto se introduce
como un imán en cada tejido
de nuestro cuerpo.

RESULTADO DE UN DÍA

Yo me creí más viejo,
sin embargo me doy cuenta
que soy un niño.
Un diapasón que ha dejado
el sueño
para convertirse en un avestruz.
Esto es lo que me engrandece,
la filosofía que me calma
y vierte mi tristeza.
Yo me puedo morir,
lo haré cuando mi pueblo regrese
de su inocencia.

ME SUMERJO EN TUS SENOS

A Yem…

Me sumerjo en tus senos
que me llevan a los placeres
más disímiles.
Te miro y acaricio con la mirada,
parece que mis ojos desvelados
se pierden en tu cuerpo.

Es tu cuerpo, siempre tu cuerpo
el que se hace enorme delante
de mis manos.
Son tus senos, siempre tus senos
los que me hacen recordarte.

Viajo en tus caderas y caigo en el
fuego de tu vientre.
Vuelvo a tus senos esmeraldas,
a dos pilares adormecidos.
Es que nado en ellos, respiro
en ellos, y mis labios agitados
humedecen tus pezones.

Es tu cuerpo, siempre tu cuerpo,
donde encuentro mi alegría,
el rito que está en el aire y llega
a mi nariz.
Son tus senos, siempre tus senos,
te olfateo, como te olfateo.

Princesa mía, pasión enamorada
que llega cada día,
versos de tus besos en los míos,
de tu néctar en mi estrella,
de tu amor sobre el mío.

Es tu cuerpo, siempre tu cuerpo
el que me hace enloquecer.
Son tus senos, siempre tus senos
donde busco la primera mirada
y encuentro el primer beso.

POEMA DEL TIEMPO

17/9/08

Batí un plato
y sentí que no debía
hacerlo.

Cayó
y mi boca se deshizo
en él.

Entonces
comprendí
que no hay nadie
perfecto.

Un minuto después:
mis ojos sin tocarse
atravesaron mi cuerpo.

Bajé la cabeza
y donde vi una luz
quedó la huella
de mis dedos.

Printed by Books on Demand GmbH, Norderstedt / Germany